Le vent coquelicot

Fait valser l'hibiscus,

Un trait de bleu de Prusse

L'air fendu d'un corbeau

L'hibiscus et le corbeau

Sous sa robe de capucine

La lune boit trop de champagne

Le poisson d'or qui l'accompagne

Perle des bulles sibyllines

La capucine et le poisson

Un loulou de Poméranie

En arrêt devant un lézard

Troquerait là son casoar

Pour cette peau de fleur d'anis

La fleur d'anis et le lézard

Jalouse la libellule

Dont les ailes d'émeraude

Émancipent après laudes

La moire des campanules

Les campanules et la libellule

Dans la fontaine un nénuphar

Se jugeant assez capitaine

Lorgne un héron mât de misaine

Panaché d'or de Zanzibar

Le nénuphar et le héron

Double leçon dans la nature

Entre un chardon et un moustique

Au même instant, les deux se piquent

L'un d'eux pardonne, l'autre jure

Le chardon et le moustique

Ici vit une roturière

Fleur de courgette qui affole

Jusqu'au roi Phébus, son idole

Éventail de paon portant fier

La fleur de courgette et le paon

L'abeille bâille

Les immortelles

La baillent belle

À la bigaille

Les immortelles et l'abeille

Les pleins et les déliés

D'une goutte de pluie

Sur le glaïeul ennuient

Une mouche spoliée

Le glaïeul et la mouche

Sur un coteau de neige verte

Un liseron tout élégance

Salue bas d'une révérence

Une pie ingrate et diserte

Le liseron et la pie

La chenille à petits pas

Rêve de fendre les flots

La voile azur d'un pavot

S'enfle d'un vent d'alpaga

Le pavot et la chenille

Une rose amoureuse,

Un chat noir endormi,

Un ruisseau rajeuni,

C'est l'heure langoureuse

La rose et le chat

Le laurier aux flocons roses

Fait la cour au hérisson

Pour lui, quelle autre façon

De piquer comme les roses ?

Le laurier et le hérisson

Des fleurs de coton

Partout dans le ciel

Un crabe arc-en-ciel

Avant la mousson

Les fleurs de coton et le crabe

On fauchera les tournesols

Le loup descendra des collines

L'été mourra, l'onde marine

Revêtira l'or romagnol

Les tournesols et le loup

Une effraie que rien n'effraie

Chante une chouette romance

La nuit s'ourle de fragrances

De tubéreuse de mai

La tubéreuse et l'effraie

Faut-il croire la coccinelle

Percluse par un tour de reins

Dans le grand orgue d'un lupin

Sonneur de gammes naturelles ?

Le lupin et la coccinelle

La sauvage marguerite

Jure qu'un jour ses dentelles

Apprirent la tarentelle

D'un gendarme sybarite

La marguerite et le gendarme

Si la violette connaissait

Les intentions du porc-épic

Curieux de parfum romantique

De mourir, qui lui en voudrait ?

La violette et le porc-épic

Près d'un érable misérable

Certain écureuil fait bombance

La faine est dure et la noix rance

La fleur de houx seule est aimable

La fleur de houx et l'écureuil

Un hortensia obèse

Bienheureux comme un pape

Fait les frais des agapes

De chèvres sans ascèse

L'hortensia et les chèvres

Ce n'est peut-être que le fusain

Que l'hirondelle laisse à la vague

Noir clapotis, mousse qui s'élague

Corbeille d'argent sans lendemain

La corbeille d'argent et l'hirondelle

Un coucou volatile

Rencontre un coucou fleur,

Il lui demande l'heure :

Être Suisse ou pistil ?

Le coucou et le coucou

Une fourmi monte et descend

Le long de la gouttière en cuivre

Un volubilis pour la suivre

S'y enroule comme un ruban

Le volubilis et la fourmi

Est-ce un lys, est-ce une rose

La Dame à l'enfant de buis ?

L'angélus sonne pour Lui,

Le serpent vainement glose

Assomption

Le lys et le serpent

Chatouillé par les racines

D'un pissenlit facétieux

Un ver de terre précieux

S'en fait une crinoline

Le pissenlit et le ver de terre

La cigogne claque du bec,

Veut-elle chanter l'opéra,

Camélias de la Traviata

Sur son timbre de flûte à bec ?

Les camélias et la cigogne

Oublié, le myosotis

Sur la tombe de ce soldat

Qu'un scarabée attablé là

Abreuve de De profundis

Le myosotis et le scarabée

Elle a horreur qu'on la reluque

Sous la cloche d'une tulipe

La chauve-souris qui s'en nippe

Puisqu'elle a perdu sa perruque

La tulipe et la chauve-souris

Lorsque la vérité a déserté le monde

Les pâquerettes et les moineaux décidèrent

De paraître aux humains en guise de repère

Les plus humbles enfants de la terre féconde

Les pâquerettes et les moineaux

Presque rien,

La pensée

Trop humée

D'un vieux chien

La pensée et le chien

Dans un bois giboyeux

Un sanglier déguste

L'édelweiss d'un robuste

Chef de chasseur vicieux

L'édelweiss et le sanglier

Le temps de Venise est passé

Le lion ne rugit qu'à ses heures

Le tombeau du compositeur

À l'œillet rouge est délaissé

L'œillet et le lion

Comme on ne peut vivre sans nuages

On ne peut vivre sans poésie,

Au milieu de bleuets, assoupi

S'excusait un canard de passage

Les bleuets et le canard

Sur les cordes d'une harpe

S'exerce une sauterelle

Un parfum de citronnelle

Tisse une note en écharpe

La citronnelle et la sauterelle

Suicide ou crime ? Allez savoir

Qui a pendu cette araignée

Au-dessus du vase fêlé

Aux motifs de glycine ivoire

La glycine et l'araignée

Adieu, Mantoue, adieu, Ferrare

La marjolaine est de chez nous

Adieu, Ferrare, adieu, Mantoue

La salamandre se fait rare

La marjolaine et la salamandre

La cigale déchantera

Lorsque mourront les chicorées

Aux fenêtres les draps d'été

Affaleront leur lin d'orgeat

Les chicorées et la cigale

Sous les briques de Faenza

Un âne tire sur sa longe

Les boutons d'or sont-ils un songe

D'air chaud qui miroite là-bas ?

Les boutons d'or et l'âne

L'anémone et le papillon

L'un à l'autre jusqu'à mourir,

L'orage vient, il faut partir

Hélas mon cœur ! Triste saison.

L'anémone et le papillon

Édition : BoD • Books on Demand GmbH,
In de Tarpen 42, 22848 Norderstedt (Allemagne)
Impression : Libri Plureos GmbH, Friedensallee
273, 22763 Hamburg (Allemagne)
ISBN : 978-2-3224-9600-6
Dépôt légal : Octobre 2024